2025 제이비 6인의 시선집

라노비아

가츠노요코
김미자
김순희
김백준
소영숙
정이담

들어가며

시는 인생의 일부이면서 인생을 닮았다. 이런 면에서 시를 짓는 것은 생각 짓기가 되고, 시를 읽는 것은 상상의 여행이 된다. 마치 누군가를 위해 밥을 짓고 뜸을 들일 때처럼, 고민의 흔적에서 포근함을 느끼고 싶기 때문이다. 생각이 고플 때면 무엇으로 채워야 할지 이 시집의 저자들은 크게 고민하지 않았다. 실상 작가들이 먼저 생각이 고프기 때문이다.

높아가는 것들이 허물어지고 이루어지는가 싶을 때 무너지는 것은 비단 눈에 보이는 것들만은 아니다. 요즘이 그렇다. 질서정연한 보도블록은 늘어나지만 오늘을 사는 이들의 마음은 우울하다. 소요 속의 대립과 침묵 속의 고립이 시샘 바람에 흩어진 봄의 꽃잎처럼 어우러지지 못하고 있다. 우울해서 소외되는 것인지, 아니면 소외되어 우울한 것인지의 답은 각자의 몫이지만, 아무도 진실을 알려주지 않으려 한다는 것은 분명하다. 안간힘으로 하는 생각이 그렇다. 이른 봄에 매화가 겨울이 끝나지 않았다는 것을 몰라서 눈속에서도 꽃을 피우는 것이 아니라면, 인간적인 모습을 기대할 수 있는 인문학적 마음을 지니고 있어야 하지 않을까!

그럼에도 오늘을 사는 우리는 매우 신중해야 한다. 위로가 필요하다면, 누가 누구를 위로한다는 말인가!

물론 그렇다고 해서 쉽게 단정할 것은 아니다. 배부르지 않는 비구상을 가져다가 늘어놓은 어휘와 단어, 그리고 낱말들로 글을 이루고, 글로써 인생을 위로한다는 것은 매우 지난한 일이다. 이런 면에서 시는 인생을 확실히 닮았다. 막연하고 불확실하며 모호하고 알 수 없는 미래의 그림자를 미리 끌어다가 쓰는 것이기도 하기 때문이다. 풀 수 없는 시험지처럼 때로는 혼자만의 중얼거림이 다른 이에게 들리기도 하고, 해결되지 못한 것들을 한곳에 밀어 넣거나 뭉뚱그려서 혼동과 혼란을 단순하게 처리해 버리기도 한다. 다시 생각해도 그렇다. 그렇다고 아무것도 하지 않는다면 서로 위로하는 것은 더 어려워진다. 아니길 바라지만, 흩어지는 모래처럼, 녹아 흘러버리는 고드름처럼, 사람들 간의 거리는 더 소원해지고 있다. 너무 많이 가지려 하는 것은 아니어도, 늘 뜻대로 되지 않는다면, 잠시 멈춰 하늘을 보고, 생각에 잠기고, 꽃을 보며 마음을 충전하고, 물든 낙엽을 보며 탁해진 마음에 순수의 색을 다시 칠한다면, 어느 정도 오염된 것들을 걷어낼 수 있을 것이다. 살아오면서 한 번쯤 해 보았을 것이지만, 잊고 있었기 때문이다.

맑은 날이 더 많은 삶이다. 막히면 돌아가는 것을 권하는 것이다. 보이는 현상들과 떨어져 있는 것 같은 상상의 여행이 그렇다. 기대했으나 결과는 다르게 나타날 수 있는 것처럼 무엇도 처음부터 다 알 수 없다. 마치 솥뚜껑을 열고 밥을 뒤적거리며 풀 때야 된밥인지 진밥인지가 드러나는 것처럼 삶도 그렇고 시도 그렇다. 아는 것이나 기대 가치의 근사치로 결과가 나타나는 것도 드물고, 늘 그런 것만도 아니다. 이해하기 어려워도 뜻한 바와 다르지만 오히려 예상했던 것보다 좋을 수 있고, 모르던 길이 지름길이 되는 경우도 종종 있다. 삶도 시도 그렇다. 시가 삶을 위로할 것이라고 기대하는 것은 가당치 않을 수 있다. 멋들어진 글로 그럴듯하게 할 수도 있지만, 작가들은 그런 것을 바라지 않는다. 서로를 위로하는 데 합리적 당위만이 능사는 아닌 탓이다. 때로는 쓴소리로, 때로는 일방

적으로 편을 들어주기도 하고, 때로는 단호하게 아니라는 말로 어눌해도 진솔한 순수를 복원하고자 하는 것이다. 어찌 보면 작가들은 독자이기도 하다. 우리 중 하나이기에 실수도 하고 착오도 있을 수 있다. 결국 '같이 가고 같이 하자'는 것이다.

　사는 것이 그렇다. 불확실해도 아무것도 하지 않는다면 아무것도 얻지 못한다. 그렇다는 것은 그만큼의 가치를 품고 있다는 뜻이다. 정답이 없어서 답답하기도 하지만 그래서 재미있기도 하다. 답답해할 것인가, 아니면 즐길 것인가, 자명하다. 시가 인생의 다양한 면모를 함축적으로 담고 있음을 손사래 한번으로 거부할 수 없다는 것은 분명하다. 기쁨, 슬픔, 사랑, 이별 등 다양한 감정과 사색할 거리로 어우러져 있으며, 그러한 감성이 여과되어 담아내고자 하는 삶을 다독이고 격려하며 위로하는 것이 문학적 도구 중 하나인 탓이다.

　즉각적으로 보여주지 않는 인생이다. 우리는 종종 시간이 흐른 뒤에야 깨닫게 되는 경우가 많다. 그런 것을 일러주는 삶의 한 가지 수단으로 시는 짧게 삶의 한 단락을 보여준다. 이미 앞서간 이들의 자취를 통해 연역적 가치를 얻을 수 있다는 의미기도 하다. 그러나 현실의 시각에서는 다르다. 손에 쥐어야 안심이 되는 삶이기에 교환 가치와 같은 것들이 더 효율적일 수는 있다. 그런 면에서 시는 눈에 띄지 않고 손에 잡히지도 않는다. 반복하지만 그것이 능사는 아니다. 병폐의 원인이라고 할 수는 없지만, 우리는 본능적으로 물질적인 가치와 정신적인 가치 사이의 괴리를 느낀다. 지극히 평범한 일상을 위한 갈망이 어떤 의미를 담고 있는지 깊이 생각하게 된다. 돌이켜 보면 그렇지 않은가? 사유하는 존재로서 그렇게 해야 할 때가 드물지 않다. 인문학적 사고가 주는 가치가 삶에서 그렇다. 햇살과 비가 그러하듯, 감정의 기복처럼 순환되는 삶에서 좋은 일만 계속될 수는 없지만, 뜻대로 되지 않는 일만 계속되는 것도 아니다. 그럼에도 어둠 속에서 여명을 기다리는 것은, 절망 속에서도 희망을 노래하고 행복한 순간을 영원히 기억하려는 시도가 끊이지 않아야 한다는 의미이다.

그래서 그런가!
안개처럼 불확실하고 불완전한 것들에서도 아름다움을 발견하곤 한다. 그것이 벅찬 환희로 다가오기도 하고, 삶을 삶답게 하며 희열을 느끼게 한다. 인간의 삶은 완벽할 수 없지만, 그 불완전함 속에서도 역설적인 아름다움이 있다. 그건 믿어도 좋다. 불완전한 존재인 우리는 시를 통해 우리를 돌아보며 지금의 자신과 그로 인해 만들어진 삶을 응시할 수 있다. 이는 축복이다. 시를 통해 그동안 보지 못한 것을 되새기고, 미처 보지 못한 숨겨진 의미를 발견할 수 있으며, 그 여정에서 '나'뿐만 아니라 '나와 같은 이들'을 위로할 수 있는 지혜를 얻을 수 있다. 비 내리는 창가에서 따스한 차 한 잔을 마시며 순간의 여유를 즐길 수 있는 시간이 독자에게도 스미기를 바라는 마음이다.

시로 물든 낙엽 하나로 살 수 있는 건 아니지만, 희망을 놓지 않는 한 살아갈 틈이 보이고, 그것이 희망이 된다. 그래서 희망의 반대말은 절망이 아니라 '그래도 희망을 가져야 한다'이다. 세상 다 아는 듯 앞서 주절거렸다. 이 책을 읽어야 할 분들의 마음에 따뜻한 쉼터가 되었으면 한다는 말이 길어졌다. 모쪼록 이 책을 읽은 후 편안한 미소를 지을 수 있기를 바라며, 조금 전보다 나은 지금이기를 바라는 마음으로 이만 줄인다.

2025년 10월
저자 일동

라노비아

i 들어가며

가츠노요코

• • •

3   차 한 잔
4   해월(海月)
5   파도소리
6   가을비
7   아버지의 벼
8   나뭇잎
9   접시꽃
10 안개
11 풀
12 반려
13 인연
14 소금처럼
15 당신의 기쁨
16 폭포
17 강의 상처
18 물 한 방울

20 손
21 선택 그리고 후회
22 슬플 때
23 새둥지
24 조개껍데기
26 괜찮아요 I
28 괜찮아요 II
29 품격
30 내 사랑
31 동반
32 물망초
33 나에게
34 별들
35 기후(岐阜)의 달
36 생각정거장

차례

태경 김미자

41	소나무	58	과수원
42	빈 배	59	호박 사랑 이야기
43	벗님 생각	60	클로버
44	큰 나무 아래에서	61	곶감 I
46	부부	62	곶감 II
47	사랑	64	곶감 III
48	거울	66	세 잎의 행복
49	빨간 단풍	68	콩나물
50	그대 사랑에	70	소용돌이
52	진주	72	희망 매화
53	한 사람	74	억새풀
54	연꽃	76	무소유
55	여름 별미	77	가을 낙엽
56	별바라기	78	어느 가을날에
57	먼동	79	홍시

라노비아

수니 김순희

- 83 사연 하나 그리고 둘
- 84 메밀밭
- 86 산다는 거
- 87 친구
- 88 마실
- 89 폭포
- 90 걸음
- 91 묵상
- 92 산책
- 93 비상
- 94 송광사 가던 길
- 95 열반
- 96 걱정 I
- 97 걱정 II
- 98 주문
- 99 설렘
- 100 첫사랑
- 101 세월의 몫
- 102 하루살이
- 103 석양 I
- 104 석양 II
- 105 행복 I
- 106 행복 II
- 107 희망
- 108 나의 꽃
- 109 호수
- 110 낙엽 I
- 111 낙엽 II
- 112 여심
- 113 휴심(休心)

차례

영백 김백준

117 사랑이라면
118 당신은 영원한 꽃이었네라
120 어머니의 달
121 메아리
122 고향
123 고독
124 동반
125 아버지
126 산다는 것에 대하여
127 카르페 디엠(Carpe Diem) Ⅰ
128 카르페 디엠(Carpe Diem) Ⅱ
129 용기
130 들꽃
131 여정
132 회개

133 등대
134 낙엽의 사계
135 홍시
136 진주의 눈물
137 민초의 아픔
138 마음의 상처
139 어머니의 날개
140 기도의 장미
141 동백
142 너무 힘든 날에
143 홍매화
144 잡초
145 인고
146 어머니의 바다
147 나무에게 하는 독백

라노비아

미파 소영숙

- 151 생각대로
- 152 한 우물
- 153 다짐
- 154 농부의 꿈
- 155 행복이란
- 156 부모
- 157 감사하다는 것
- 158 일상
- 160 별
- 161 지하철
- 162 넌 할 수 있어
- 163 울어도 돼
- 164 당당하게
- 165 나비
- 166 그런 친구가 있나요 I
- 167 그런 친구가 있나요 II
- 168 수다
- 169 참깨 단
- 170 해바라기
- 171 그릇
- 172 자연
- 173 마음 나무 I
- 174 마음 나무 II
- 175 당신이라면
- 176 누가 누구를
- 178 딸에게 I
- 179 딸에게 II
- 180 부모
- 181 인연
- 182 풀뿌리

차례

정이담

- 187 가을 수국
- 188 실수
- 189 고목 I
- 190 넝쿨
- 191 달맞이
- 192 무화과
- 193 밤별
- 194 비상(飛翔)
- 195 사과나무 연정
- 196 사과의 연정
- 197 삶
- 198 소망은
- 200 섬
- 201 악의 꽃
- 202 애송(厓松)
- 203 어느 가을날에
- 204 어느 소나무의 꿈
- 206 월견화(月見花)
- 208 운명
- 209 이기적인 공감
- 210 추객야(秋客夜)
- 212 추우(秋雨)
- 213 인연
- 214 코스모스
- 215 무념
- 216 인생 산책
- 217 노숙자의 조언
- 218 고목 II
- 219 가랑비
- 220 푸념
- 221 안개
- 222 착각이어도
- 223 꽃무릇
- 224 농부와 시인
- 225 서예
- 226 마음 주머니
- 227 오늘
- 228 인내
- 229 이기적인 너무나 이기적인
- 230 노란 은행잎

| 작가의 말

삶 속에서 시를 만나는 것은 영혼을 뒤흔드는 깊은 공명을 경험하는 일이다. 그런 잊을 수 없는 감정과 위안을 받는 것은 참으로 놀라운 일이다. 글의 힘은 상상 이상으로 큰 영향을 미친다. 상상의 여운은 그 어떤 것보다도 더 깊은 감정을 끌어내는 경이로운 힘을 지니고 있어 깊은 감정을 일깨운다. 세상에 이런 아름다운 공명이 고운 마음을 키우고 행복을 가져다주길 바란다.

人生で詩と出会うことは、魂を揺さぶる深い共鳴を体験することである。忘れがたい感動と慰めを受け取ることは、実に驚くべきことだ。書かれた言葉の力は、想像以上に大きな影響力を及ぼす。想像力の余韻は、他の何よりも深い感情を引き出し、深い感動を呼び起こす不思議な力を持っている。この世に存在する美しい共鳴が、優しい心を育み、幸せをもたらすことを願ってやまない。 - 가츠노요코

가츠노요코(勝野容子)

- 한국시산책문인협회원

I 작품

차 한 잔/ 해월(海月)/ 파도소리/ 가을비/ 아버지의 벼/
나뭇잎/ 접시꽃/ 안개/ 풀/ 반려/ 인연/ 소금처럼/
당신의 기쁨/ 폭포/ 강의 상처/ 물 한 방울/ 손/
선택 그리고 후회/ 슬플 때/ 새둥지/ 조개껍데기/
괜찮아요 I / 괜찮아요 II / 품격/ 내 사랑/ 동반/ 물망초/
나에게/ 별들/ 기후(岐阜)의 달/ 생각정거장

차 한 잔

따스한 차
가슴에도 온기를 담겨 있을 지

해월(海月)

바다도 아는 게야
어둠에 떠는 물결을
다독이는 달빛

파도소리

하얗게
고요하고 깊은 바다
그 해면 아래
보이지 않는 깊은 물 밑

누가 내 마음을 알아줄까
나는 궁금했다
무엇을 생각하는가
어떻게 보고 있는가

나 아닌
다른 이의 마음에
귀를 기울이기보다
보일 수 없는 깊은 탓에
자신이 먼저 알리고 있던 거였어

하얀 파도의 이유로

가을비

왜 그런 날이 있잖아
비 내리면
누구라도 보고 싶은 거
비는 가고 올 테고
나뭇잎은 물들어갈 텐데
그건 당연한데도
좀처럼 가시지 않는 아쉬움
그건 넘친 마음이라고
비가 개이고 나면
코스모스가 하늘거려주겠지
가끔은 그래도 되는 거라고
이렇게 가을비 내리면

아버지의 벼

코스모스 길가
흐느적거리는 바람에
고추잠자리가 날개를 쉴 때면
저게 혼자 여물어 갔을 리야
벌레에 시름했을 것이고
폭우에 쓸러질 듯 했을 것이고
바람에 휘청거렸을 것이고
가뭄에 애태웠을 것이니
아버지 속이 타들어가며
저 벼들이 누렇게 익어갔을 테니
훌쩍 커버린 나도 부쩍 여물 벼이삭도
고이 말라가는 풀언덕에서
아버지의 벼가 다시 보인다

나뭇잎

초록색도 있고
연두색도 있다
노란색도 되고
다홍색도 되다
햇볕 받은 곳도 있고
그늘도 있다

나랑 똑같다

접시꽃

가느다란 목으로
나처럼 기다리는 꽃이여!

안개

풀어야지
풀어야지
줄 건 없어도 남기지 말아야지
엉킨 넝쿨을 풀어주는 바람으로
올 때처럼 갈 때에도
눈물에 갈피 못 잡는 건
흩어지는 구름
비 쏟아내고 사라지는

그때가 아니라도
햇살을 기다리며

풀

언제 봐도 혹하지 않는다
누가 봐도 변함이 없다

어머니를 닮았나보다

반려

함께 있고 싶은가
문을 열면
먼저 눈 마주치고
한마디 없어도 다가와 준다
주저 없이 언제나 살갑도록
묶이고 싶지 않는 걸
서로는 알고 있다
때론 어디론가 가 버린다 해도
그 까닭은 있으리라고
누구에게 위로를 받고 싶은지
그건 중요하다
너와 나의 존재 이유이기에

인연

S에게 S를 가까이하면 거부하고
N에게 N을 접근시켜도 거부하다

자석 같은 인연을
잊을 수 없어
잃고 싶지 않다

소금처럼

알아주지 않는다고 속상하다면
소금이 하는 것을 보아요
소금은 그래요
조리에 많이 사용되지는 않아요
소금은 말합니다
아주 조금이지만
맛있어진다면
감칠맛이 더해진다면
단맛을 낼 수 있는 것으로

화려한 무대에 오르지 않아도
당신은 훌륭하게 당신의 자리에
잘 하고 있는 것이에요
소금처럼요

당신의 기쁨

누군가 당신처럼 외롭다고 하면
밑도 끝도 없이 말해도 좋은 말이 있어요
당신이 듣고 싶어 하는 말을 해 주세요

당신의 기쁨이 바로 나의 기쁨이라고요
뜬금없나요
그럴 것이에요
그래도 이 순간은 웃을 수 있잖아요
삶은 순간과 순간이 모여 가는 것이니까요
그래요 그렇게 웃으니 밝아지잖아요
지금처럼요

폭포

높은 바위 꼭대기에서
망설임 없이 달려가는
곧은 물의 힘
거기에 돌을 던져도
손으로 막으려 해도
물은 곧장 목적지로 날아간다

올라가려는 것만 아름다운 것이 아니다
내려가는 용기에도 아름다움이 있다

강의 상처

시간이 지나도
잊을 수 없는 일
잊고 싶어도
잊을 수 없는 일

그래도 강의 흐름은 멈추지 않고
상처를 품은 넓은 바다가 되다

물 한 방울

믿어요. 자신을 말이에요
그래도 되요
너무 쉽게 이루면 재미는 없잖아요
지루한가요
그렇다면 말없이 흐르는 개울물을 보아요

당신이 이루고자 하는 건
확고한 의사에 달려 있어요
누구에게도
그 무엇에도 방해하는 건
누군가가 아니라
방해하려는 것에 반응에
당신이 흔들리기 때문이지요

성공하는 길에 순탄한 길은 없어요
자신에게 굳은 의사가 있는지

흐르는 물에 자신을 비춰보면

누구보다 자신을 어디에 있는지

알아차릴 것이에요

끌리는 것에 집중하는 아름다움으로요

가츠노요코_19

손

손등으로는
잡지도 못했지만
손바닥으로는
잡을 수도
물을 퍼낼 수도
쓰다듬을 수도 있었다

모두 가지려 하지 않는다면
후회하는 선택은 없다
손바닥으로도
그리고 손등으로도

선택 그리고 후회

무엇을 선택하여도
후회는 있고
가지 않는 길에 미련은 있다

너무 많이 쥐지 않는다면
후회를 남기는 자취는 없다

슬플 때

비 갠 뒤
나뭇잎으로부터
한 방울 한 방울
간격을 두고 천천히 떨어지는 물방울
그것은 참았던 눈물

나뭇잎을 흔들며
단번에 많은 물방울이 떨어져 내리면
엉엉엉 소리를 내며
단번에 실컷 떨어지는 눈물

슬플 때는 참지 않고
실컷 울어버리려고
맑아져서 시원한 햇빛을 더 볼 수 있도록

새둥지

누군가의 눈에 띄지 않는다
그리고 누구에게도 종속되지 않는다
소박하게 그러나
자신의 행복을 누군가에게 걸지 않는다
적을 수 있다. 그리고 작을 수 있다
하지만
내 행복은 내가 정한다

조개껍데기

백사장
그리고 파도에 반짝이는 것들에
바다와 햇살이 함께 있다

지나가는 걸음마다
지내온 기억들
느껴지는 감촉이 더 또렷해진다
눈에 비치는 수많은 색과 모양

조용하지 않는 바닷가처럼
오래된 조개껍데기들처럼

옮기는 걸음에 생각 하나
옮기는 두 걸음에 생각 둘

그동안 꺼내지 못한 속삭임이
어제를 깨운다

잘 하고 있었는지
잘 하고 있는지

괜찮아요 I

분명 그럴 거에요
지금 나는 내가 해왔던 것들의 결과에요
그래요
보는 거처럼 완벽하진 않아요
나름대로 최선을 다했다고 해도 그래요
지금의 내 모습이 어떠할지 모르지요
때로는 꽤 오래 망설였고요
때로는 멀리 돌아가기도 했어요

그 순간들이 있어
지금의 내가 있게 했지요
그래서 지금의 작은 내가 있지요
하지만 괜찮아요
나는 나니까요

앞으로도 그럴 거에요

하지만 나는 나답게 살아가려고요

그래서 그냥 있는 그대로 나를 보아 주세요

괜찮아요 Ⅱ

쉽지 않지만
작은 용기
기대한 것보다 멀리 데려다 줄 수 있다

수많은 선택 앞에

품격

삶에서 입은 상처가 흠만은 아니다
얻고 싶은 것을 얻기 위해서
그로 인해 주눅이 드는 건
자신을 믿지 못하는 것일 뿐
자신을 믿는 것으로부터
삶의 품격은 시작되고
상처 난 날개로도
나비는 우아한 비상을 한다

내 사랑

그랬던 것 같아요
내 사랑에 대한 건

눈앞에 보이는 것들에
멀어지지 않았거나 멀어져도
너무나 그리고 너무나
향했던 그곳의 끝

나를 사랑하는 것 때문이라고
믿은 그 때문이지요
어쩌겠어요
나를 사랑하지 않으면서
누구를 사랑하겠어요

동반

같이 하자
너는 지금까지 잘해왔고
너는 앞으로도 잘할 수 있어

넘어지는 거에 익숙해질 것까지는 없지만
대신 일어나는 것도 익숙해질 거야

맞아
그게 잘하고 있는거야

물망초

누가 뭐래도
내일의 나는 오늘의 내가 만든다
그걸 잊지 않으려고요

나에게

바쁜 하루여 오늘도 안녕!
힘들 땐 꼭 안아줘
세상이 무겁게 느끼게 할 때는
더 꼭 껴안아줘

무거우면
몹시 무거우면
다 내려놓아도 좋아
그리고
누구도 대신할 수 없는
나를 부드럽게 안아줘

별들

조용한 숨결 하나
저 작은 빛

어둠에 반짝임이 사라지지 않게
조금 느리게
조금 천천히

너무 조급하게 생각하지 않아도
별을 보는 그 순간이면

네가 뭘 생각하는지 몰라도
미소를 짓을 수 있도록
바꿀 수 있는 기회가 될 수 있다

기후(岐阜)의 달

열여덟 해
잊힐 만도 한데도
가슴에 피는 향수(鄕愁)

생각정거장

차장
그리고
버스를 타면 지나가는 것들

하루가 너무 빠르다
가로수 잎들이 노랗게 물듭니다
어제는 푸르렀는데 말입니다

멈추면 잎은 낙엽이 되는 게 늦춰지지 않을까
문득 생각합니다

어디서 멈출까
어디서 내려 시간을 세울까

잠시 멈춰 숨을 고르고
매일 수많은 생각 속을 달리는

마음의 속도를 돌아본다
내릴 곳까지 마음을 잇는 생각에
생각에도 정거장이 있다면
마음에도 정거장이 있다면

| 작가의 말

지나 온 삶의 여정에서 외롭고 고뇌가 찾아 올 때면 문학에서 지혜를 찾아 희망을 배워가며 위로를 받아 마음을 키우고 있다. 이제 그 긴 여정에서 보아온 삶의 지혜를 시에 그려 넣어 세상 사람들에게도 희망과 위로를 돌려주고 싶다.
- 태경 김미자

태경 김미자 | 시인, 시 낭송가

- 계간 문예 시인 등단(2021)
- 한국시산책문인협회/ 진해문인협회
  (사)한국 명시낭송가협회/ 계간문인협회 회원
- PWC 시낭송 문예작가상 수상(2023)
- 제7회 문학산책전국현상공모전
  「참깨의 고소한 비밀을 아세요」 최우수상 (2023)
- 제11회 시사랑 전국시낭송경연대회 대상(2024)

l 작품

소나무/ 빈 배/ 벗님 생각/ 큰 나무 아래에서/ 부부/
사랑/ 거울/ 빨간 단풍/ 그대 사랑에/ 진주/ 한 사람/
연꽃/ 여름 별미/ 별바라기/ 먼동/ 과수원/
호박 사랑 이야기/ 클로버/ 곶감 I / 곶감 II / 곶감 III /
세 잎의 행복/ 콩나물/ 소용돌이/ 희망 매화/ 억새풀/
무소유/ 가을 낙엽/ 어느 가을날에/ 홍시

소나무

어느 곳에 있어도
언제 있어도
꿋꿋하게 서있는 당당한 꿈 하나

소나무처럼 마음이 푸를 수 있는 건
밤이 짙을수록 더 반짝이는
저 별과 같은 이유이겠지

빈 배

소명을 다하여 지나온 여유라면
외로움도 삶이라며 외롭지 않다

먼 길 달려와
부러진 갈대가 자갈밭에서
흐르는 물을 들으며
하루해가 뜨고
하루해가 지고
밤하늘에 별이 뜨고
샛별이 어둠을 지켜
새벽을 잉태하는 여느 날까지
당신은 그러시지 못했던 아쉬움에도
자식을 위해 일생을 바치셨으니
노을이 지면
내일에 올 하루를 바쳐
당신께서 지신 무거운 짐을
오늘을 내려놓으라고

벗님 생각

오늘 같이 행복한 날
난 널 그리워한다

마음 밭에 별빛 곱게
뿌려 놓고 가버린 너

네가 쓰고 간 시(詩)의 숲에 들어서면
풍겨오는 맑은 향 내음은
언제나 환한 미소처럼 그대로여서
낭랑한 목소리
다정했던 햇살처럼 따뜻했던 너

네가 몹시 그리워
오늘 눈시울이 더 뜨거워진다

큰 나무 아래에서

풀들이 쓰러진다
풀들이 쓰러진다
그리고
가엽다는 생각마저 쓰러진다

바람은 멈출 기미 없고
태양은 오늘도 떠오른다며
흔들리지 않으시던 당신 아래
오늘을 사는 나
얼마나 더 약해져야 견딜 수 있을까

힘겨울 때에도
미소를 잃지 않으셨던 것을
그때는 몰랐던 나
비바람에 쓰러지는 풀이 되어
사는 나는 비로소

비와 바람을 맞고서야
당신께서 보여주신 이 삶의 뿌리
삶에 지지 않으셨기에

사랑이 되어
사랑이 되어

얼마나 더 강해져야 당신을 닮을까

부부

언제부터 였을까
인연의 시작을
보기만 해도 마음 가득해져서
그 투명한 영혼에 입맞춤 하였지
단단한 삶의 의지 하나
그게 사랑의 이유 전부였었지
삶의 과정은 숙제가 많은 교과서
문제를 잘 풀어야만 인생은
빛나고, 아름다워지는 것
서로 다듬어 주고 보듬어주며
서로의 생의 시계는 같이 흘러간다
사랑의 세레나데 그리고 연가의 메아리
같은 곳을 보며 지나온 그대
사랑하오! 그대의 인내를
감사하오! 그대의 속 깊은 배려였음을

사랑

내게 달려오던 그 마음
보고픈 마음 한 자락 휘감고
주고픈 정 한 자락 휘감고
언제이려나 희망 한 자락 휘감고
겹겹이 돌돌 감아 들고 와서
그대가 남기고 간
붉은 장미 속에
감춰 놓은 사랑
보고 또 보고

거울

오늘 나를 비추는 그대는
해바라기 꽃밭이네
다정한 말 건넸더니
함박웃음 반짝인다
그대는 마주 앉아 해맑은 미소
청아한 웃음소리로 나를 응원하지
내 심연의 감춰진 슬픔도
부드럽게 어루만지는 맑은 얼굴
그대는 항상 나를 비춰 주며
몰랐던 내 모습을 다듬어 주네

빨간 단풍

그저 좋았더라니
더 늦기 전에
연정을 모른다 하고선
스치는 바람에도
볼이 달아 오른 건
정열이 그리운 거지
서두르는 이 계절에
허락되는 이유가 가슴에 물든다

그대 사랑에

미소, 보았어요

스스로 빛을 내는 반딧불
달빛에 드리워지는
세상 하나뿐인 마음은
내 갈 길의 등불이지요

행복, 느껴요

늘 곁에 있는 수호천사처럼
오늘도 응원 고마워요
어제 같지 않은 이 세상에
그대를 만난 건 행운이지요

그거 아시나요
받기만 하다가

받기만 하다가
주는 걸 잊을까봐서
이제
이제는
소소하지만 꽃이 되어
자주 웃으렵니다
그대 행복을 위해서라도

진주

삶
너를 보고 눈물을 그친다
바다 심연에서 밀려들어
부딪쳐 이겨내는 세월
그 만큼 커져 가는 거야
상처 난 몸의 생채기
아픈 게 아니라
아름답기 위한 성장이었던 거야
눈물로 덧발라진 운명이라면
본연의 숙명을 넘어서
그래서
너는 반짝거리며 빛나는 거야

이 삶
나 지치거든
네 바다의 추억을 듣고
너를 닮아간다고 들려주고 싶은 거야

한 사람

어찌 사랑하지 않을 수 있을까요

처음 보았던 그때부터
늘 보아도 한결 같아

척박한 산비탈에서도
우뚝 서서 든든한 바위 되고
비바람 치던 날들에도
이 삶에 버팀목이 되어

날마다
순수한 동심에서
세상 저 너머까지
무지개 그늘 아래에서
설레게 하는 그 한 사람

어찌 사랑하지 않을 수 있을까요

연꽃

궂은 곳에 견디는 속내
너른 잎에 뜨거운 볕
하늘 닮은 님의 뜻
다 알고 있는 데도
난 잘하는 게 별로 없어요
너무도 고마워하는 것 말고요

사실
혼자만을 생각하지 않는
그것만으로도 살아가는 데
문제는 없어 보였어요

연꽃의 향이 주는
그 감사함으로요

여름 별미

여름의 밥상
이제서야
그 기억이 그립다 하지만
맛으로 먹던 건 아니었지요

한 술로 마치시던
당신의 애쓴 미소
또 그 여름이 올 거라는
울먹임에도
속상하지 그 여름이 오면
언제나 그리워
먼 산에 여울지고 있답니다

너무 보고 싶어서요

별바라기

별은 날마다 태어나는가 봐요
아기 업고
밤하늘을 올려보며
여인의 숙명은
결코 후회하지 않는 것이라며
칭얼대는 세월을 달래시는
어머니
숭고하신 인생이셨다고
인정하고 싶지 않는 데
그냥 당신이 그리울 뿐입니다

오늘 밤도 내 별이라는
작은 별이 큰 별빛에
품어드는 게 보입니다

먼동

새벽
어슴푸레
어둠을 물리친다

희끄무레
굽이치는 능선이 보인다
새벽이 열리고

숨 들이켜고
아침 새가 깨운다

오늘은 아주 멍하게
미소만 짓고 하루를 보내고 싶다

과수원

풀잎, 그리고
사과에 이슬이 마를 무렵

들길 배미
에둘러 가을이 온다

두 손 끝이 시리도록
잊을 수 있으리
간절하면 이루어진다고
졸였던 마음
사과에 피어나는 미소여

호박 사랑 이야기

괜히 그런 거야
그날 우리의 운명
한 곳에서
같이 나고
같이 자라서
오래 봤지만 처음 본 것처럼
너무 좋으면 나만 그런 게 아니라니
내 곁에서 멀어질까봐서
괜히 심술부리는 거야
보던 그때그때부터 네가 좋아
하고픈 말은 이거야

클로버

하트 하나 너 하나 나 하나
하트 둘 너 둘 나 둘
하트 셋 너 셋 나 셋

잔디밭에 무리 지어 눈길을 끄는
청초하고 카라 깃 반듯이
단정한 소녀들이 모여 앉은 듯

풋풋한 푸른 청춘의 일렁이는
사랑의 심정은 꽃반지 만들어
온전히 마음으로 약속하였던
그대는 연인들의 사랑의 메신저

곶감 I

멀리 산골짝에서
한낮의 따뜻한 햇볕
한밤의 싸늘한 얼음 바람 맞고
수많은 정성의 손길을 품고서야
네가 태어난다는 것을
너를 볼 때마다
다시 태어나는 마음

곶감 II

억새풀이 오르면 더 그러하던
그리움에도 색이 있다면 하얀색일 지
곶감에 오르는 흰 분가루
머리에 이어야 나이

세월 모르게 살다가
세월 모르게 살다가

어쩌다 가는 친정에는
곶감이 처마 밑에 걸려 있었다
딸이 좋아하는 거라고
맛 나는 것이 그것뿐일까 마는
한 소쿠리 담아 내주시며
다 주고도 아깝지 않는 건
뒤돌아서는 눈물이라면
언제 다시 볼까

돌아보고

돌아보고

떨어지지 않은 발걸음에

엄마의 얼굴이 떠나지 못한다

곶감 Ⅲ

쫀득하고 달짝지근하다
돌아오는 이 계절은 잊지 못하는 건
나만은 아니었나보다
붉은 주홍 감도
내내 보고 싶다는 건
옷에 여미어 오는 가을바람도 아는가 보다
먼 기억에
노을에 떨어지는 하루에
저녁부터 별들을 올려보며
세월 저편에서
한없이 고생만 하셨으면서도
자식만 바라보며 곶감부터 챙기시더니
이제 울먹이는 마음
받아주시던 그때의 당신

여기까지만

다 못다 이르고서

…

…

'보고 싶습니다.'

세 잎의 행복

네 잎의 클로버
보기 어렵고
우연히 누군가에게 다가갈지 모릅니다
또 누군가도 그럴지도 모릅니다
그랬다지요
나폴레옹에게 윙크하여
그의 생사를 바꿔 놓은 행운이라지요
다르게 그리고 특별하게
같은 듯 다르게 우연히 다가오는 것이라고요

저는 그래요
우연한 것에 운명을 맡기지 않으려고요
언제 찾아올지 모르는 것보다
할 수 있는 것에서
영원히 간직할 수 있는 것에서
절망에 숨이 찰 때에도

힘을 얻을 수 있는 행복이 될
네 개보다 적지만 세 개로
일상에서 힘겹게 얻는 것 하나에도
내가 빚은 사랑으로
내가 할 수 있는 만큼 행복하려고요
내가 품을 수 있는 만큼 행복하려고요
혹여 그 행복이 넘치면
행복이 필요한 이들에게
나눠어 줄 수 있도록

콩나물

어쩌다
아니 만날 수나 있을지
알 수 없다는 것마저 모르는 천삼의 모습으로
가녀린 너는 어떤 하늘의 계시로 받았나보다
몸뚱이 길어진 이유는 있겠지
말이 없어도
알고 있는 것이 많은 너는
우리의 이야기를 엄마와 하였을 것이고
마음을 꺼낼 수 없는 순간에도
너는 연민의 이야기를 들어 주었을 게다

특별히 모양도 없는 시루에
물 한 사발 시커먼 볏짚 재에서
뽀얗게 태어나는 건
분명 하늘의 계시가
네게 특별히 주어진 게 틀림없을 거야

그렇지 않고서야

진한 사랑 맑게 우려내어

배고파 허기진 사람에게

정성 가득 연민으로 우려내어

마음 아파 쓰러진 사람에게

매일같이 위로하는 건

네가 천사이지 않고서야 그럴 순 없어

너처럼 속을 풀어주고

마음 달래주는 이가 얼마나 흔하겠어

어머니 눈물까지 새벽까지

달래주던 걸 나는 기억한다

너는 엄마의 그때도

너에게 푸념하는 오늘도

소용돌이

정연하게 매인 일상이 행복인 줄 착각하던 삶
어느 날 느닷없이 소용돌이로 닥쳐왔다

믿음은 금이 가고
그 무엇이 생각의 틀에 얽어매었던가

자유 없는 사랑이라면
믿음 없는 맺음이라면
이젠 돌려놓아야지
이젠 제자리로 돌아가야지
누가 누구를 묶으려 하는가

그때가 지금이라면
벗어나는 게 아니라
되찾은 자유의 본연일 뿐
포장된 사랑 틀에 갇혀 있던

소용돌이에서 빠져나와

스스로 자유롭게 날갯짓으로

진정 나다운 자신을 찾고 싶다

태경 **김미자**_71

희망 매화

살을 에는 칼바람이 스산하게 몰아쳐도
겨울의 틈으로 비취는 작은 햇살을 타고
앙상한 나무들 사이에
방울방울 꽃봉오리 맺히는 너라니

철 이른 건 없노라고
정녕 모진 겨울을 견디어 내고
작은 봉오리는 주어진 것을 거부하며
의지로 시련을 넘기는 너라니

먼 옛날부터 먼 희망을 가까이 보시매
차가운 바람결에 그윽한 봄을 알리기 위해

향기 실려 보내는 강인한 너
작디작은 꽃잎
어느 향기조차 아름답지 않으리

그 누구에게 견줄 수 있으리
너에게서 절망에서도 살 수 있는
희망이 마음과 마음에 꽂혀 부푼다

억새풀

찬바람이 불고
허공으로 날려가는
저 언덕 너른 은빛 파도여

외로운 구름처럼 떠도는 나의 그리움에
님 오신다는 언덕 너머
옷깃 스미는 가을바람에
흔들리는 잎새와 솜털들을 너울거리게 합니다

나는 기다리고
그대는 오지 못한 이유는 있을 거야
떨어져 있는 건 멀어진 게 아닐 거야

그러나
그리움이 짙어지면 저 억새처럼 흔들리는가
수만 송이의 솜털이 날리면

그대 향한 마음이 사라질까 두려워

바람이 불고 간 자리에

일렁이는 파도의 은빛 물결 따라가면

저 멀리 흘러가는 구름처럼

내 그리움이 그대에게 닿기를 빕니다

무소유

열심히 일 할 수 있는 것은 행운이고

성실히 맡은 것을

매일 해내는 것은 행복입니다

가을 낙엽

짧아지는 낮
길어지는 밤

영원히 화려한 것은 없노라고
낙엽을 이미 알고 있었다

주어야 할 때
주고 떠나야 할 때
그리고
낮은 곳에서도
사랑을 주는 그대, 낙엽이여

어느 가을날에

윤슬의 개울에서
가을이 붉게 익는다

말라가는 풀끝에 맺은 해거름
하루를 보내고
집으로 가는 길에는
한여름에 듣지 못하던
마른 계절의 소리가 들린다

개울의 물소리인가
갈대가 내는 소리인가
아니
문득 세월을 보내고
외면하던 내 마음의 소리인 것을

홍시

햇살을 등을 지고
돌아서는 길에
점점이 붉은 점을 찍는 어느 가을 나무
아마도 사랑하는가 보다

설레는 것이 부끄러운가
지나간 바람의 여운에
가늘게 떠는 나뭇잎 물이 더 들면
노을을 닮아가는 보고픔이라면
가슴 헤집는 애달픈 만큼
붉게 짙어지는 사랑은 아름다워야 한다

작가의 말

잊힌 순수한 본능이 재발견되는 갈림길에서 시는 삶을 가로지르는 느리지만 확실한 지름길이다. 물론 과거의 기억만으로 살아가는 것이 반드시 도움이 되는 것은 아니다. 하지만 떨어진 낙엽을 주워 책 사이에 끼워 말리던 그날의 순수함으로 삶을 되돌아본다면, 칠흑 같은 밤에도 별자리를 좌표 삼아 비틀거리지 않고 나아갈 수 있다. 이제 작은 힘이나마 마음으로 울부짖는 우리 자신을 위해 바로 그 순수함 속에서 위안을 찾고 싶다. - 수니 김순희

수니 김순희

- 한국시산책문인협회 등단
- 한국시산책문인협회 편집위원
- PWC 문인작가상 수상(2023)

l 저서
『 내 마음에 피어날 꽃들 』(2022)

l 작품

사연 하나 그리고 둘/ 메밀밭/ 산다는 거/ 친구/ 마실/ 폭포/ 걸음/ 묵상/ 산책/ 비상/ 송광사 가던 길/ 열반/ 걱정 I/ 걱정 II/ 주문/ 설렘/ 첫사랑/ 세월의 몫/ 하루살이/ 석양/ 석양 II/ 행복 I/ 행복 II/ 희망/ 나의 꽃/ 호수/ 낙엽 I/ 낙엽 II/ 여심/ 휴심(休心)

사연 하나 그리고 둘

길지 않아도
더 들어도 끝나지 않을

저 풀밭에 누우면
풀들이 하는 말이 들린다
처음에 듣던 사는 이야기가
다른 곳에서도 같았어

너만 그런 게 아니고
나마 그런 것도 아니었어

지나고 보니
어머니께서 알아듣지 못한 어린 내게
그 말씀을 하셨는지...

메밀밭

소나무 가지 늘어진 산골 사이로
바람이 늘 쉬지 못했다
하늘 구름 흩어져
풀잎에 내리는 파도 하얗게
휩쓸리어 하얀 바람을 타던
당신 호미 지나야 했던 밭고랑으로
비로소 그때야 보이는 건
머리 수건에 가린 햇살의 미소

허기는 참지 못하고
끼니는 알지 못하고

메밀 순을 뜯어 여름을 날 수 있다던
당신이 가슴을 쓸어내리면
바랜 무명 치마에 날리던
바람마저 누르던

커다란 바위 같은 세월이

하얀 꽃 위로 날아가던 그 날에

산다는 거

그러겠지
먼 훗날은 멀지 않았어
세월이 그러더라
망할 놈의 세월은 그래
쉬지도 않더라
그래서 걸었지
그래서 알게 되었지
길은 쉬지 않는다고
또 먼 훗날에 그럴지 몰라
그때도 나는 길을 물어야 한다면
네가 좀 알려 줄래

친구

그냥 들어 줘
오늘은 내 말을 들어 줘

그냥 그래 줘
그래

마구 우겨도 되는
네가 있어서
오늘은 네 앞에서 울고 싶어
그래도 되지

마실

예전에 한번 가려 했던
여간 불편한 기억을 지우며

가고 싶을 때
아무 때라도 건너 갈
다리 하나 놓으렵니다
누구나 다녀올 곳으로 말입니다

영혼의 다리를 놓으렵니다
당신을 위해서
가끔은 나를 위해서

폭포

지난 흔적에
오래 간직한 비밀도 없다

마음에 그릴 새 없이
쏟아지는 연모의 회귀인 양

고이 품어 들어도 될
하얀 그림자에

작은 무지개 뜨고
달빛에 애달픈 순간에도

마침내 하나로 만나는
끝날 수 없는 사랑을 내린다

걸음

이끄는 길
흔들리는 갈대
가을이 산에 오른다
마른풀 낙엽에 외로움도 함께
아무도 없는 줄 알았는데
너는 길을 걷고
나는 길을 걷는다

턱 밑까지 올라가고
가슴에서 내려간다

깊은 숨소리

산에 가을이 오른다
내려가는 길에도
올라가는 길에도
모두가 길에서 살아간다

묵상

가을걷이 끝자락
고향의 풍경
늘 조용하고 아늑하다

새 한 마리
가을을 물어다 준다

산책

초록으로 물든 길

한여름 햇님

피해가는 그곳

분홍빛 만발했던 벚꽃길

바람 좋은 오늘

나만의 쉴 곳이어라

비상

훨훨 날아보고 싶다
두려움 없이
자유로이
갈 곳은 정해지지 않아도
높이 더 높이 끝없는 하늘을 향해

송광사 가던 길

잠시 멈춰 서서
파란 하늘과 저수지
느슨한 마음을 다시금 잡아본다

저 절로 가는 길에서
저절로 가는 것은 없었다
석불이 웃는 까닭이다

열반

그때
이제는 알아야 한다
한여름 더위를 삭힐 시원한 곳을 찾는다
더위를 보내는 것도
이제는 아는 것이다

졸졸졸
졸졸졸

흐르는 물줄기는 다시 오지 않는다
아무도 알아주지 않는 것에도
마음을 두지 않는다
바쁘게 걸음을 재촉하는 건 마음뿐이다
순간은 찰나를 잊는다

걱정 I

어차피 잊힐 건
머리에 근심을 얹을 건 아니다

이렇게까지
이렇게까지
굳이 힘들어할 건 아니다
어차피 잊힐 테니까
희망을 버리지 않으면

걱정 II

다 알 수는 없지만
지나갈 거여요
풀잎 끝에 맺힌 이슬도
힘겹게 햇살에 그치고
어두운 밤도
희미한 여명에 아침이 오듯이요

쏟아지는 소나기라 여기면
쓸어내듯 사라지어
이내 깨끗한 하늘을
가슴에 담을 수 있듯이요
잠시만 기다리지요
잠시만 기다리지요
다 지나갈 거여요
그렇게 살아요
그렇게 손을 잡아 주어요

주문

눈을 감아봐
아무 것도 보이지 않지는 않을 걸
아주 캄캄하지
몹시 어둡고 불안하고
뭐가 뭔지도 모르고
꼭 해야 할 것인가 하는 생각이 들거야

그리고
눈을 다시 떠봐
그리고 외쳐봐
'사랑이 있어라'라고

이상하다고?
그럼 다시 해봐
사랑이 생길 때까지

설렘

흘려도 좋아요
반가움의 눈물이요

당신을 보았습니다

첫사랑

징검다리 그을린 물살
무지개 뜨던 날
산골 소녀의 일기에는
먼 훗날 읽을 메시지를
산길에 뿌려놓고서
잊을까
잊혀질까
그 시름에 잠 못 이뤘다
싸리골 떠나던 날에도
해마다 잊지 않으려고
산새에게도 산토끼에게도
물어다가 씨앗 뿌려주라며
하나씩 하나씩 나눠주고서
아무도 없는 그곳에
다시 돌아온 그해에도
빨간 열매는 익어 가고
소녀의 세월도 익어 간다

세월의 못

세월 흐르고
떠나는 자리에 안개가 피고 걷힌다

떠나든 찾아오든
나머지는 살아야 했는데
질척거리는 완장
사육되는 웅덩이
이기에 죽고
사람이 살고
누가 이곳이 축사에
더럽혀진 호수라고 말 할까

세월에 죽은 물가
철새가 새로 보금자리로 짓는다
못으로 남을 끝 샘으로 물이 흐른다

길섶 개울가에서 돌은 의지로 굴러가고 있다

하루살이

내일이 없는 날갯짓
삶의 모든 빛을 찰나에 쏟고
미련 없이 떠나리

석양 I

집으로 가는 가을저녁
알록달록 붉은 노을 반겨준다
여름철 푸른 잎은
찬바람에 울긋불긋 물들이고
젊은 인생
세월은 막을수 없다

석양 Ⅱ

목이 마르는가
붉게 타오르는 하늘의 강이여
여전히 흐른다하던
언제든 오신다하던
다시 또
오늘 하루도
너는 아무 말이 없어라

그리워하는 것으로
오늘을 잘 견딘 것 같다

행복 Ⅰ

덜거덕 덜거덕
수세미로 그릇을 씻고
기대감으로 밥을 짓는다

아무 말이 없어도
무슨 말도 없는데
밥그릇을 비워주었다
다행이다
고마웠다
아니 사랑스러웠다
아프지 않고 먹어주었다

다시 설거지를 하고
창문을 열고 찻잔을 챙긴다

행복 II

그런 거라고
모두 스쳐 가는 기슭
아스라이 가파른
바위 하나에 비를 막고
또 바위 하나에 구들을 삼고
지금 모습으로 둘만 있어도
행복하다고 속삭인다

그 한계의 끝이 어디든
더 애쓰지 않아도 되는 거라고
아침이면 이슬이 내려 세상을 씻고
삶은 향기로 젖는다

희망

바스락거리고
바짝 말라간다

노란색 붉은색
가늘게 날씬하던 허리에 찬 띠로
사라질 듯 하늘이라는데
알록달록 빛깔 희미했다

아직 끝난 건 아니다
땅에 스며드는 씨앗을 품는 낙엽
떨어진 것이 아니라 희생이다
사랑하는 건 사랑하고
죽어가는 건 체념한다

봄에 틸 싹을 위해서

나의 꽃

그때 그 시절들처럼
누군가를 위해서
찰나의 상념이여
아직도 삶을 모르지만
사랑은 있어라
더 가야 하는 길에서
내 마음에 피어날 꽃들
수줍어도 시들지 않도록
오늘 하루라는 꽃을 위하여
할 수 있는 것으로
나의 꽃이 되어 줄
오늘을 피어낸다

호수

하얀 구름
흐르게 하고
자기보다 더 큰 산을 받아들이고도
침묵하다

무심코
이어지며 묻는
세월의 화두

어떤 의심으로도
진정 나는 얼마나 깊은가

낙엽 I

먼 길 돌아
가장 아름다웠던
꽃은 아니었으나
꽃보다 더 꽃다운 꽃

찰나
보내놓고
그렇게 오랜 잔상은
아쉬운 그리움으로 흐른다
후회하는 세월 뒤안길에서

낙엽 Ⅱ

몇 번의 세월 고개를
넘겨 보내놓고도
많아 보이는 놓친 그것들에
미련을 두는 지금에야
말없이 주고
바람 없이 떠가는
이별이 아름다울 줄이야

사랑한다는 말을 해본 지
너무 오래된 기억에서

여심

가을의 언덕
노란빛으로 물든다

오늘은 그런 날이다
보내지 못한 편지를 들고
바람에 떠는 수많은 잎들 마냥
은행잎 하나를 들고
편지를 부치지 않고도
설레는 마음을 간직하련다

구름이 떨어지는 호숫가 풀길을 따라
부드럽게 마음을 물들인다

오늘은 그런 날
가을을 펼쳐가는 곳으로
그리움으로 마음을 물들이는 날이다

휴심(休心)

얼마만인가

빗방울이 머물다 간 자리

뭐가 그리 바쁘게 하는지

숲의 그림자가 고요히

하지 않은 건 없었지만

쉰다고 하며 들어선 산책로에서

떨치지 못한 생각들

맺혀 떨어지는 빗방울이 나뭇가지를 떠난다

더 세월이 스며들어야 하는가

작은 웅덩이에도 자신을 비춰볼 수 있는데

▎작가 프로필

- 한국시산책문인협회 등단
- 한국시산책문인협회 사무국장
- (사)국제PEN 한국본부 경기지역위원회 기획국장
- 문학과 비평 사무차장, (사)한국문인협회원
- 제2회 문학산책 전국문학현상공모 우수상 입상(2019)
- 국제대학 학술제 문예분과 최우수상 수상(2020)
- 제4회 문학산책 전국현상공모 단편소설부문 최우수상(2021)
- 제10회 대한민국 예술문화인대상 특별상 수상(예술인부문, 2022)
- PWC 문예작가상 수상(2023)
- 문학과 비평 타고르 문학작품상 수상(2024)

- 『천만번 불러도 다시 보고 싶은 (2019)』, YTN · 서정문학작가협회 · 한국시산책문인협회 서울남산타워 시화전시(2019), 『5인의 시화집, 사람 사랑을 말하다 (2019)』, 『당신이 좋다. 참 좋다 (2020)』 · 『Die Reinheit Eden(2020)』, 뮌헨 도서 전시(Buch auf def Münchier Büchorschau2020, Oktober 2020), 프랑크푸르트 도서 박람회 전시(Oktober 2021)외 다수, 『사랑은 영원하여(2022)』 『사랑은 영원하여 Ⅱ (2023)』 『사랑은 영원하여 Ⅲ (2025)』

▎작가의 말

우리 삶을 채우는 것은 무엇인가? 이 질문에 쉬운 답은 없다. 그러나 시를 삶의 깊은 일부로 받아들이고, 시를 통해 조용히 자신을 성찰하며, 사랑과 감사로 삶을 채운다면, 부족한 것을 보충할 수 있지 않을까! 그런 마음으로 필자는 진정한 인간성을 실천하려 노력한다. 어눌하지만 문학적 탐구가 모든 이에게 희망과 위안을 전할 수 있기를 바란다. 시가 적어도 삶의 불완전함을 채우고 내면의 생각과 꿈을 아름답게 표현할 수 있다면, 그것이 가장 큰 성취이자 기쁨이라 믿기 때문이다. 시는 삶에 생기를 불어넣는 소중한 존재이자, 언제나 곁에 있는 따뜻한 동반자이다.

영백 김백준(1968)

- Midwest University(DBA) 박사
- 단국대학교 경영학과 석사 졸업

l 작품

사랑이라면/ 당신은 영원한 꽃이었네라/ 어머니의 달/
메아리/ 고향/ 고독/ 동반/ 아버지/ 산다는 것에 대하여/
카르페 디엠(Carpe Diem) I /
카르페 디엠(Carpe Diem) II / 용기/ 들꽃/ 여정/
회개/ 등대/ 낙엽의 사계/ 홍시/ 진주의 눈물/
민초의 아픔/ 마음의 상처/ 어머니의 날개/
기도의 장미/ 동백/ 너무 힘든 날에/ 홍매화/ 잡초/
인고/ 어머니의 바/ 나무에게 하는 독백

사랑이라면

누가 보지 않아도
꽃을 피웠다
피는 것이 힘들어도
보는 누가 없어도
언제라도 누구라도
편하게 볼 수 있도록
빛 없는 밤에도
울어 피던 것을 잊으며
꽃은 한 송이 사랑이 되었다

당신은 영원한 꽃이었네라

당신은
작은 꽃잎으로 가슴을 울리고
따사로운 고운 자태는 눈을 멀게 하시고
돌 같은 이내 마음에 물 흐르게 하시었세라

당신은
밤새워 가슴앓이로 돌담 사이로
양지 마른 앞마당에 보조개 꽃잎을 열어
미소짓듯 수선화를 피워주시었네라

당신은
울 밑에 자리 잡고
꽃잎 속에 채송화 그 입맞춤으로
활짝 웃는 보조개를 만들고
힘들고 지친 가지마다 웃어주시었네라

당신은

사립문 옆에 불그스레한 볼을 드러내고

부비며 어우러진 고단한 영혼을 받고

작은 손발을 모아 기도한

낙타의 무릎으로 가시었네라

당신은

시밖에 소리 없이

풀잎 나는 이슬같이

빛나는 영롱한 빛의 샛별같이

아름다운 눈동자로 호수같이

언제나 언제까지나

맑은 미소로 작은 꽃잎으로 활짝 웃고 계시어라

어머니의 달

너른 들이 마당이었던
고향의 흙
좁은 아파트 난간에 걸린
언덕위의 보름달

어머니
보고 싶습니다

메아리

대지의 끝을 딛고
개운하게 세상을 향하여
누가 들어도 좋을
목청껏 부르고
차마
소리길 내어도 돌아오지 않아
그저 울림으로 다독이는
큰 길이 비로소 열린다

고향

간밤에 매서운 비바람일게다
땅거미 질 무렵
내려앉은 먼 하늘

그 바람이 예까지
고향을 불러 모은다

고독

별빛 아래
잔잔한 물결

한낮의 분주함은
이 밤에 잠시 숨 쉽니다
걷는 걸음마저 조용히 할 때입니다
이 밤의 품안에서

연한 햇살에도
넋을 잃고 웃어도 좋을 오늘입니다

동반

나란히 서서
파도가 조용히 속삭인다
자욱하게 번지는 기억들

손끝에 닿는 너의 온기
세상 모든 슬픔 흩어지도록

삶
바다의 깊은 슬픔도 무겁겠지
그리고 할 말도 많겠지
그런 것마저 없다면
어둠 속에서도 서로 밝혀 주면
그저 희미함에도 등불이 되는
너와 함께여서 참 좋다

아버지

조용히 닫힌 문
그리고
마루에 드는 햇살

당신은 들에 계시고

산다는 것에 대하여

꽃잎이 피고
하늘도 때론 운다
울 힘이 있거든
그 힘으로 내딛어야지

꽃잎이 지는 건
그때까지 꽃잎이 피어있을 뿐

너무 앞서가는 것도 없이
너무 뒤쳐지는 것도 없이

카르페 디엠(Carpe Diem) I

구름들 사이
하늘 열리고
바람들 사이
한 점 바람 분다

뉘에게
나는 바람이었을까
그 진실이 무엇이든 간에
서로 잃어버린 삶을 위해
한번이라도
이런 바람이 될 수 있을까

카르페 디엠(Carpe Diem) Ⅱ

어스름 달빛에도
가지 못할 길은 없노라니
가야 할 길을 헤아릴 거 없더라
새벽을 맞는 여명
새로운 삶이 열리는 거겠지
거침없이 달려도
조급하지 않게 걸어도

용기

울어도
울지 않아도
무심하게 노을은
아름답게도 피어오른다

캄캄한 밤에
별이 더 잘 보이듯이

들꽃

듣지 못했지
아니 들을 생각이 없었지

하지만
돌과 흙 사이 작은 꿈틀거림은 있었고
그들은 이겨내고 있었던 거야
간직하던 꿈이 있었지
네가 가지고 있는 그 꿈처럼

여정

여전히 길 위에 서있는가
가야 갈 곳이 가까워진다

보기만 하면 보이지만
가지 않으면 닿지 못한다

회개

나는 존재하고
나는 생각한다

고통의 연속은
연기 속으로 사라지고
은하수 별빛처럼
빛나는 모습으로
열손가락으로 기도하는

나는 생각하고 존재한다
오늘 내 삶의 감사하며

등대

우리는
한줄기 빛 뉘에게 주고 있을까
보이지 않은 희망
꺼지지 않은 바닷길
끝없이 사랑의 비추는 등대처럼

우리는
한줄기 빛 뉘에게 주고 있을까

밀려오는 바닷물이여
아주 가끔은 멈추어 다오
저 등대 쉴 수 있도록

낙엽의 사계

짧은 시간 속
약속하지 않는 꿈
하루 시간 속 빠른 초침

멀고 긴 여정을 마치고
남긴 인생의 소망이
그것에 있다고 하자

떠나는 것에도 돌아올 것을 믿으며

홍시

사랑하는 임과 함께
또옥 따서 한 입
사랑을 나누면
밤 세워 굳게 닫힌 마음이
고향에 걸린 주홍빛 너로구나

진주의 눈물

황금 자갈의 산성인가
차디찬 물속에서 희망인가
아픈 마음에 너라도 품어보면
영롱하다 진주의 혼 너로구나

민초의 아픔

세월에 찌든 날에 하늘 보면
세금에 겨운 시절 그 뉘의 집념일꼬
어찌 올려놓아서 무너지게 할꺼나
들녘은 두려워 구슬프고
세파에 민초들은 휩쓸려 아쉬우니
어찌 오죽하랴만 한숨만 늘어진다

마음의 상처

너는 아파보았니
나는 달빛 아래 바람 맞으며
슬픔을 삼켜 버렸다
저무는 햇볕의 향기가 없으며
아픔을 깊은 골짜기로 내려
너는 박힌 가시처럼 아파보았니

그리고
나는 지운다
떠오른 샛별이 이슬이 피면
마음의 넣어둔 가시
하나씩 없어지라고

어머니의 날개

날개가 없어도
날마다 날아오른다
꿈속에서 자유롭게
나는 너에게
너는 나에게
나는 공기와 같이
가벼운 존재
어머니 날개가 그리워
밤새도록 눈물로 시를 쓴다

기도의 장미

장미가 운다
가슴으로 눈물을 뚝뚝 흘리는 날

거친 비바람
살아낼 수 있을 지
의심하는 것이 차라리 쉬웠을
그때는 아무 것도
보이지도 그리고 들리지도 않았다
오로지 견디는 그것만 생각할 뿐
그리고
아무도 보아주는 이는 없었다
그래서
피어나는 꽃이 되었다지

내게 가슴이 울던 날에
지나간 것을 다 잊지 못해서

동백

얼마나
마음이 아팠으면
눈꽃이 피는 밭에
젖은 입술 감추어
홀로
밤새 울어 붉었을까

너무 힘든 날에

희미한 풀잎 사이로
고뇌의 숨소리에
슬픈 고개를 들지 못하여
서로 의지하여
슬픈 가슴이 울지 않게
따뜻한 정을 피어내면서
이젠 당신을 위해
하얀 미소를 지우렵니다

홍매화

흰 눈 내리는 허공에 비추어
살갗 여미는 붉은 잎
곧 봄바람을 부르는 손짓이겠다

잡초

밟히고 또 버리고 얼굴을 붉히고
뽑히고 일그러진 슬픈 사연을 담고
시멘트 틈새로 얼굴을 내미는
조그만 꽃으로 시련을 견디고
오늘도 조그만 미소로 답한다

힘없는 백성은 보호받지 못하고
고지서 독촉자만 가득 쌓이고
창밖에 굳세게 서 있는 너를 느낀다

인고

눈보라 같은 얼굴 속에
기나긴 꽃잎 한줌의
정이라면 얼어 찾지 못한
시간의 거리를 헤맨다

헤어진 간판 사이에
긴 호흡을 가다듬어
장착불이 피어오르는 곳에
잠자는 봄은 아직도 멀어 보인다

그러나
나에게만 주어진 건 아니다

어머니의 바다

어머니!
당신의 바다에서
이제라도 당신의 치마에 쌓여
빚어진 조개껍데기 추억이 채워질 때
당신의 넓은 가슴에 엎드리어
사랑을 주시던 파도를
당신의 마음인 양 넘칠 듯 울어보렵니다

어머니!
사랑이 밀물처럼 밀려오고
당신의 영원히 그리울 때
오늘 이 어머니의 바다에서
당신의 치마에 묻고서
여기에 사랑으로 울고 서 있으렵니다

나무에게 하는 독백

하늘을 향해 만세를 부르고
너는 팔이 안 아프니
난 아픈데
쉬어야 하는데
너는 안 아프니

그래
나는 다리가 고단하다
가야할 곳이 너무 많아

너는 팔이 아프고
나는 다리가 고단하고

그래
우리는 다툴 일은 없을 것 같다
살아가면서 그것이라도 다행한 일이지

l 작가의 말

예쁘고 아름답게 물든 낙엽이 어깨에 무겁게 내려앉는 느낌입니다. 어느 가을날, 뜻밖에도 찾아온 것은 시였습니다. 이루지 못한 젊은 시절의 꿈이 되살아나는 걸까요. 문학의 길을 걸을 수 있다는 것만으로도 새로운 여정이자 기쁨이었습니다. 하지만 그 길은 그리 쉽지 않았습니다. 단순히 좋아서 나아가는 길이 아니라는 것을 깨닫게 해주신, 어느 작가님과의 만남 덕분이었습니다. "시는 조각난 천 조각을 이어 붙여 망각 속에 버려진 것을 새로운 작품으로 재탄생시키는 것이며, 시인은 잊힌 젊은 시절의 순수함을 찾아 헤매는 인생의 재봉사이다. 그러므로 시는 진심을 담아 엮어내는 것이며, 짧아 보이지만 의미를 담은 한 편의 논문과도 같다"는 그 작가의 말을 벤치에 앉아 되새기고 있습니다. '헝겊을 기워 붙여 새로운 작품으로 승화시키고, 위안의 미학에 다가가서기 위해 『라노비아』 출판에 참여합니다. 아직 많은 작품을 발표하지는 못했지만, 문예지 『문학산책(issn 2586-7547)』에 '농부의 꿈' 등이 게재되어 있으며, 다가올 봄에 처녀 시집을 준비 중입니다. - 미파 소영숙

미파(美坡) **소영숙**(1962)

- 피아노 강사
- 수서 SRT 근무
- 한국시산책문인협회원

| 작품

생각대로/ 한 우물/ 다짐/ 농부의 꿈/ 행복이란/ 부모/ 감사하다는 것/ 일상/ 별/ 지하철/ 넌 할 수 있어/ 울어도 돼/ 당당하게/ 나비/ 그런 친구가 있나요 I/ 그런 친구가 있나요 II/ 수다/ 참깨 단/ 해바라기/ 그릇/ 자연/ 마음나무 I/ 마음 나무 II/ 당신이라면/ 누가 누구를/ 딸에게 I/ 딸에게 II/ 부모/ 인연/ 풀뿌리

생각대로

외롭다 했는데
그렇지도 않더이다

즐거울 때도
웃을 때도
더 많지 않던가요

이왕이면
어울 더울
살아가는 것이라면

그래서
그렇다고요

한 우물

인생
별거 없다 하지만
다 그런 거라 하지만

하나만 보고
살아온 거라면
윤슬처럼 빛나는 꿈
이뤄질 수 없어도

네가 곁에 있어
우물 위에 피는
하얀 달을 보는 거겠지

다짐

잘 될 거야
의심하지 말자
잘 풀어질 거야
더 잘 할 건
지금까지 해온 대로
수면 위로
붉게 타오르는
태양처럼

오늘 나는 나를 응원한다

농부의 꿈

한 알의 씨앗
농부의 땀방울에서
시작한다지

흙도
비도
바람도
햇살도
그리고
사랑하는 너에게도

행복이란

올곧게 자란 나무 한 그루
곱게 오므린 봉우리

때가되니
사랑 꽃으로
예쁘게 피었구나

그저 바라만 봐도
너여서 예쁜 걸

부모

낯서신지요.
그러실 거에요

제 삶으로 피어난다 해도
그게 다는 아니었어요

이 아름다움은
당신에 의해
피어 내던 꽃이라면요
가슴깊이 안겨 피는 꽃이라면요

이제는
당신께서 꽃 필 차례입니다
영원히 고마우신
당신들이 아니신지요

감사하다는 것

누군가를 위해
줄 수 있다는 그건
사랑이래요

그저
당신은 그냥 했을지 몰라도
사는 보람으로 느끼게 하는
누군가에게는
고마울 뿐인데도요

그게 그래요
내게 당신이 그래요

일상

그리 많은 세월일까
그건 아닌 것 같은 데

아침이면
하루를 선물로 시작 할 수 있음에
새로운 발견의 존재로
다시 오지 않을 지금
나를 바라보는 나로부터 시작하려고요

몇 번이고 주저앉을 때마다
망설임 없이 일으켜
할 수 있다는 건 그것 밖에 없다고

이 위대한 겸손의 말
하거나 듣거나

사람이 아름답다는 말을

믿고 안으며 가려고요

뭘 더 바라겠는지요

별

너무나 큰 별이어서
너무나 높이 있어서
닿을 수가 없구나

그러나 넌 천사야

왜냐고

어둔 길 환하게 비춰주어
밝은 길 따라 갈수 있게 해 주잖아

가다보면 작은 별이라도 되겠지
고마워. 큰 별아

지하철

가며
다시 돌아오는 매일
같은 이유로 달려가는
서민들의 바람이 그렇다지

놓칠세라
삶도 함께 뛰어 가지만
생각대로 되지 않지만
모나지 않고 둥글게 사는 것이라면

두 레일 위에
돌아가는 바퀴의 순환처럼
놓친 행복은 있어도
멀어지는 행복은 없지 않겠는가
돌아오는 둥그런 바퀴처럼

넌 할 수 있어

'난 안 돼'
그 말은 핑계로는 부족해

풀과 꽃에게 핑계는 없었어

넌 분명 할 수 있어
잘 해 왔고
돌 틈의 풀꽃처럼
지금껏 잘 견뎌왔어

했는데도
너무 힘들면
나에게 기대
그리고 쉬어가고
그래도 안 되면 같이 해보자

울어도 돼

그래

오늘은 슬픈 영화를 보았던 날이라고 치자

한바탕 울자

잊기에 좋은 울음으로

그리고 소리치는 거야

행복하기 위해 뜸 들이는 중이라고

더 웃기 위해 웅크린 것이라고

울고 싶을 때는 우는 거야

당당하게

든든하게
믿을만한 것 하나는 가지자
까짓 거
'이 가슴에 사표 있다'

나비

그냥 보기만 하여도 이쁘다

훨훨 사뿐히
꽃 위에 꽃이 앉았네

어찌 이리도 예쁠지
보고 또 봐도
참 이쁘다

누가 이렇게 보아 주기를 기다리기보다는
곁에 있는 사람을 그렇게 불러줘 봐

그런 친구가 있나요 I

친구가 그랬어요
힘들 땐 손 잡아주며
함께하는 동반자가 되는 거라고

내안의 그런 친구 있어요

그런 친구가 있나요 Ⅱ

친구가 그랬어요
인생은 걱정하는 만큼 걱정하고
즐겁게 사는 만큼 즐거운 거라고요
내안의 그런 친구 있어요

수다

엄마?
왜?
엄만 내가 왜 좋아?
그냥!

비바람 불어도
엄마 등에 있으면
두렵지 않아

참깨 단

한편에 세워둔 참깨 단
가을비에 젖어든다
비를 맞고 있다고 여기니
그렇지 않아도 모진 세월인데
굳이 비를 눈물로 보아야 할까

말라 부서지기 쉬운
깨줄기가 여물어지는 것이라고
보면 어떠할까
단단하게 보이지 않더라도
위로되진 않는 건
어떤 말로도 안 된다
마음을 바꿔놓으면
사라질 근심은 아니지만
덜어지기는 하더라

해바라기

언제나
웃고 있는 너
늘 웃고 있다는 이유

동그랗게 두르고
알알이 검은 씨앗
누군가 던지던
미운 것들을 받아놓고
내놓지 않았던 건가

웃는 이유를 묻지 않고
울지 않을 까닭을 모른 체한 것을

그래서 인지
웃어야 웃을 수 있다는 것까지

그릇

나의 마음이 그릇 이라면
무엇을 채워볼까

배려의 마음
독려의 마음
이해의 마음

아프면 위로하고
슬프면 다독이고
힘들면 독려하는

그러나
아무 것도 담겨있지 않았다

자연

내 마음은
자연이고 싶다
있는 그대로의 모습으로

누군가가
만들지 않아도
그리지 않아도
색칠 하지 않아도
억지로가 아닌
자연의 모습으로

있는 그대로의 모습으로
자연이고 싶다

마음 나무 I

바위틈에서도
나무는 자란다

약한 내 마음 밭에
어떤 나무가 커가고 있을지

누구보다
자신이 잘 알고 있다

마음 나무 II

나의 마음 밭에
열매 많은 나무를
심으려고요

많이많이 나눌 수
있으니까요

당신이라면

지금은 안타까운 일이라고
그렇게 생각이 들 것입니다만
언젠가는 만나게 되는
끝내 찾지 않을 건 아니라면
더 내려 놓을 수 있는 거야
가벼워지는 세월 무게로
미소를 짓는 게 낯설지라도
눈여겨 아름답지 않을 지라도
새롭게 피어나는 건
당당하게 하늘 우러르면서
그로부터가 행복을 알아가는 거야

누가 누구를

어느 날
우연히 길에서 냥이를 보았습니다
냥이에게 물었습니다
'나랑 같이 살지 않을래?'
흐린 눈빛으로 냥이는 뒷걸음을 쳤습니다

다가가는 선의에도
오가오는 눈치에
둘은 마음이 아팠을 것입니다

어느날
다시 또 그 냥이를 보았습니다
냥이는 멀찌감치 뒷걸음을 쳤습니다

아직 다가가는 데
익숙하지 않는 탓이겠지요

너무도 버림받은 것이 컸나 봅니다

나는 멀리서도 보일 수 있는 곳에
먹이를 두고 왔습니다
그 냥이가 굶지 않기를 바라면서요

별이 더 많이 떠서
더 어둡지 않기를 빌었을 뿐입니다

*냥이: 버려진 길고양이

딸에게 Ⅰ

어둠 속의 등불
딸아
너는 내게 그렇다

딸에게 Ⅱ

이제 막
샛별은 쉬러가고
아침 햇빛이 밤샘 교대하는
차가운 가을이 핀다
채 마르지 않는 이슬을 보고
귀가에 너를 생각하며
나는 또 꿈에 설레어

별을 가리는 구름이 있던 밤에도
구름이 없는 별들 반짝이는 새벽까지

나는 감사의 기도를 올린다
너를 볼 수 있는
이 작은 아름다운 언덕에서

부모

뜨거운 눈물이 흐른다

모든 걸 주고도
미안하다는 말을 하시는

인연

세월
얼마나 더 보내야 할 수 있을지
세월
멀리 돌아 보낸 뒤에
꼭 그래야 할까

다 알면서도
더 할 말이 있지만
서로 쉽게 꺼내지 못하고
아쉬움이 가득하다면

훗날
울면서 보게 된다

꼭 그래야 할까

풀뿌리

집으로 가는 길
인도에 겨우 붙어사는 풀이 밟힌다
인생은 묻혀가는 것인가
드는 생각 차에
태어날 것은 정하지 못하지만
나고 난후 운명은 일굴 수 있다는
꿈은 별 뒤에 가리어
거들떠보지 않는다는 체념에
오가는 걸음을 늘 처지게 하여
저 멀리에 있어
꿈은 볼 수 없고 늙어 가야할까

그래도
그래도

밀어보는 생각 차에

흔들리는 잎새 밑틈으로

뿌리는 흔들리지 않았다

나를 믿지 못한 내가 흔들렸다

작가 프로필

시는 일상을 위로하는 문학적 기제(mechanism)이며 시인은 문학적 철학자다. 이에 관한 일러야할 건 많다. '위로하는 건 위로받는 것(To comfort is to be comforted)'이기 때문이다. 그럴 거라는 생각은 여전하다. 문학 장르 중 시(peom)의 영역이 가장 어렵다는 건 이렇다. 자기(selfish)에서 시작하여 이타(altruistic)로 향하고, 다시 자기가 본래 있었던 자리, '순수 본능(a pure instinct)'으로 돌아오는 여정에 있기 때문이다. '자기 자신'에서 출발하여 다시 '자신'에게 돌아오지만 원점으로 왔을 때는 그로 인한 '자신과 주변'과의 관계에서 그 오성(悟性)을 지닌 자신을 발견하게 된다. 이를 위한 문학적 기제는 문학적 도구를 원용하여 지니고 있어야할 순수를 향하는 깨달아 가는 방법의 한 가지로서의 기능과 역할을 한다. 이를 말하면서도 필자는 무안해 할 수 밖에 없다. 최근 문학 활동은 다음과 같다. 『5인의 시화집, 사람 사랑을 말하다(2019)』, 『이루지 못한 삶이어도 아프지 않을 사랑을 I. II. III(2020)』, 『정이담 시서집: 착한 체하는 약한 영웅들의 노래(2020)』, 『코리아날리즘(2020)』, 『Die Reinheit Eden(Munich: Literareon 2020)』, 대하평전소설 10권 『논개 애기씨(2021.11)』, 『연천별곡(2023)』, 『쉬코노뷔체(2024)』, 『완산사람들(2025)』, 설강화(2025), 『삶=사람+사랑(2025)』 등 있고, 해외 문학 활동으로는 Buch auf def Münchier Büchorschau(Oktober 2020), Frankfurt Book Fair Exhibition(Oktober 2021), Leipzig Buchmesse Drei(2023) 등에 참여한 바 있다. - 정이담

정이담 (1964)

- 영국클레어홀Clare Hall 평생회원
- 캠브리지 대학 연구학자 2010/11

l 작품

가을 수국/ 실수/ 고목 l / 넝쿨/ 달맞이/ 무화과/
밤별/ 비상(飛翔)/ 사과나무 연정/ 사과의 연정/ 삶/
소망은/ 섬/ 악의 꽃/애송(厓松)/ 어느 가을날에/
어느 소나무의 꿈/월견화(月見花)/운명/
이기적인 공감/ 추객야(秋客夜)/ 추우(秋雨)/인연/
코스모스/ 무념/ 인생 산책/ 노숙자의 조언/ 고목 ll/
가랑비/ 푸념/ 안개/ 착각이어도/ 꽃무릇/
농부와 시인/ 서예/ 마음 주머니/ 오늘/ 인내/
이기적인 너무나 이기적인/ 노란 은행잎

가을 수국

오랫동안
간직한 소망을 담은
꽃의 이유라면
그니 보고 싶은 그대로
그리움에 내린 나비의 나래잎
하필이면 나를 닮았을까
이루지 못한 삶에서
피었다가 피었다가
거스를 수 없는 세월
당연한 거지만
언제든지
시들어도 변하지 않는
사랑을 꼭 품은
그리움의 한 떨기 꽃송이여

실수

실수를 핑계나 변명으로 덮지 마라

왜 그래야 하는지는
자신이 먼저 알고 있다

고목 I

대지의 정원
그리고
우두커니 선 나무
너무 오래 기다려
이제는
피어내는 꽃송이
어느 하나에도

나무는 고한다
덕분에 보는 생은 아름다웠다고

넝쿨

가시에 찔리는 꿈을 꾸었다
기분 나쁜
그러나 그건 반대라지
너를 보기 위해서라고

넘어졌으니
일어서야지
혼자서, 아니 혼자이기에
바람에 쓰러진 풀처럼
햇살을 향하여

달맞이

그래 그런 거야
흔들리는 억새만큼
올려 보려고
너무 높이 쳐들면
고개 아프다는 핑계로
요만큼만 빌어보려고

그래도 괜찮아
오늘도 비는 소원은
내일은 다른 걸
빌고 싶은 게 소원이야

무화과

무초에 그늘 없는 곳
너른 잎으로
볕 가려주며
왼손이 하는 일
오른 손이 모르고 있네
뉘를 대신하여
생색 없는 화려함 뒤로
나그네 괴로웁거든
한 곳 한마음 오롯이
허기 달래 주는
성자의 꽃을 품은 그대여

밤별

뜻대로 되지 않더라
걱정대로 되는 것도 아니더라

네 곁에
같이 있는 건 할 수 있어
별들이 그러는 것처럼
내가 울어야 할 때
네가 있어서
네가 있어서

비상(飛翔)

점 하나
사라질까 가슴 조린다
섬을 떠난 지
꽤 오랜 나래짓
굳이 높아가는
물살사이로 스치는 작은 그림자
다행이라 할 찰나
아직은
굽힐 수 없는 뜻을 닮아
접을 수 없는 날개
놓아버린 후에야
파도가 높으면
더 높이 오르고 내리고
잔잔히 유혹하는 물결에도
지친 죽지에 역동하는 삶
유영하는 허공에
다음 섬이 보일 때까지

사과나무 연정

지나간 날들은 과거
돌이킬 수 없다지만
보고 싶은
그 사람

빗방울 하나에
사과나무 나뭇잎이
물들어 가던 그때처럼

그러나 이제는
추억으로 가는 길에서
기억하려니, 이 세월

다시 또
떠오는 그리움은
그 사람의 행복을 비는 거라고

사과의 연정

작은 잎사귀
뒤에 숨어보던 그날을
기억하고 있을까

하루 하루
커지는 그리움에
저 노을이 억새에 걸리면
붉게 여물어가는가
하나 둘
가을비에 물들어 가면
누구라도 그럴까
그 사람 소식에
발그레 지는 님의 사과여

삶

세월 속의 격정
시름 하나 걱정 둘
보이지 않은 꿈 사이로
비틀거리면서

이긴 게 아니라
진 것도 아니다

열정을 쥐고 있으니
아직 끝나지 않았다

소망은

뭐랄까
처음 들었을 때는
공감은 되지 않았어
돌이켜 생각해 보면
보이지 않는 별
그게 맞는 것 같아

처음부터
별 하나 없이
텅 비어버린 거
그래서 삶은 간절한거야
하지만
그마저 없다면 무슨 낙이겠는가
캄캄하면 별은 더 잘 보여
그래 그렇다니까
보이지 않는 별이어도

그래도 그거 든든해

그래서

늘 가슴에 품고 사는 그거

섬

바람에 날려 와
구름바다에 나려 쉴까
지친 파도에 깨었다가
그 파도 잔잔할 적에
석양에 선잠 주무시겠구나
통통통
애써 조리시는 어머니는
아버지 오실 때까지

악의 꽃

병사 두 명
진흙구덩이에 몸을 숨기고 있었다
한번이라도 가지 않아도 될
그러나
마지막이 될 수 있는
추위 속에서 버티고 있었다

섬광이 솟구쳐 오르고
흙을 파던
맨손의 숨은 멈춘다

애송(厓松)

하필 절벽일까
하늘을 이고 서 있으면서
무슨 생각을 하고 있을지

너른 물결을 보고
깊은 물길은 뵈지 않을 테니
문득
불어오는 바람이
세월을 물어다 주고 갈 적
길을 막는 낭떠러지를 돌아서

생각하는 소나무를 두고
나는 더 묻지 않는다

어느 가을날에

그냥은 아니었다
쌀쌀한 빗물이 낙엽에 젖고
그리움에 익어가며
잎새 지는 것을

높은 바람에
물드는 세월
낮은 구름에
깊어가는 시름

미끄러지는 허공으로
잎사귀 하나
고인 물웅덩이에
파동 둥글게 시를 그린다

모나지 않은 원처럼
사는 건 그렇다면서

어느 소나무의 꿈

누가 우는가요
부서질 듯 아득한 바위 사이로
밤새 바람서리에
앙상한 줄기로
굽은 소나무
햇살을 향하여
보잘것없는 한 그루

그래요
짐작하듯이 아직은 작습니다

하지만 아는가요
다 이루지 않아 행복하다는 그말을요

아직이라는 건
이루지 못할 게 아니라

더디어가고 있다는 것일 뿐

그것이면 되더라고요

어두운 밤에 별이 더 잘 보이듯

시린 새벽에도

살아있음에 꿈이 있는 한

정이담_205

월견화(月見花)

달을 보는 것조차
허락되지 않는다면 절망을 외면한다
인내의 정원에서 소원을 비는 건
포기하려는 걸 붙들어
겨운 꽃잎의 몸짓
희망은 구름 너머에 있고
빈손에 절규는 없다

그저 바라보는 것으로 피어난다면
하지 못했을 아무 것도
바램으로는 꽃의 찬란함은 없으리
떠오르면 고이 맞이하리
열리어 걷힐 건 없어 좋은
빈 허공 마디로 꽃을 보았다면
어찌하여 그 뜻을 모르던가

채워야 할 그 허공을 향하여
홀로 일궈 피우는
스스로 생명의 빛이어야 했기에
언제라도 간절한 희망을 기억한다

날마다
아프지 않을 수 없는 삶
첫사랑 같은 순간들은 아니기에
일어서는 고통을 아는 거라면
길 밝히는 건 너였노라고
이 캄캄한 어둠 조각에서
너는 사랑빛인 것을

운명

언제까지 남에게 맡길 것인가
준비하는 이의 편에 있는데

이기적인 공감

나는 너이기도 하다
너는 나이기도 하고
그래서
속상해 하지 마라
너인 나는
나인 너는
누군가에게 부담스러운 적이 없었겠느냐
적어도
아무도 눈길 주지 않는 풀을
무심코 밟고 있지 않은가
생각보다 훨씬 이기적인
너인 내가
나인 네가

추객야(秋客夜)

가을밤은 나그네의 밤
누가 긴 밤을 읊는지 묻지 말아다오
외로워지는 이 계절에
창 열지 않아도 드는 별빛마저
새벽을 맞이하기에는
서두를 건 없어라
나뭇가지에 부는 바람에
연못 위에 떨어지는 한 잎이
하필 고독한 너였을까
비운 허공에 쌓여만 가는
이슬 맺히는 어느 곳에서
풀벌레는 누구를 달래는가
외로울 때 부는 바람은 더 시리워
달빛에 연서로 채우려 하건만
구름이 흘러 지우며 가고
달그림자 먼 곳으로

영원한 그리움을 그 무엇으로 일러도
누가 긴 밤을 읊는지 묻지 말아다오
아직 잠에 취할 수 없는
가을밤은 나그네의 밤

정이담_211

추우(秋雨)

묻지 않았다
뭐에 그리 지친 표정일지
바람 없이 떨어지는
한낮의 빛을 가리는 물줄기

역시 묻지 못했다
이 계절에 떠나는 게
진심이라면
그리움에 그리움을 흘리며
애타게 부를 관심 없이
빗물이 창에
가까이 떨어지면서도
받으려고만 하다가
가을비는 이별이 되었다

인연

완벽한 게 아니라
잘 하려고 애 쓰는 거

코스모스

어느 추억에서
떨어져 나왔을 잎 하나
다시 태어난다 해도
못다 이룬 사랑

그러나
세월 흐른 뒤에도
아직도 부끄러워 하늘거린다
네 앞에서는
보고 싶다는 말 못하고

무념

10월의 어느 날
창에 비가 뿌려진다
비가 없어도 낙엽 물드는
굳이 이 계절에 어울리는가

잎도 떨어지면
어림없는 생각도 덜어질까
변하는 건 없다
그러나 이 비 그치면
가을의 찬바람을 다시 맞이할 수 있는
단 하나의 이유로 너를 찾는다

처음 보는 것들이
어찌 그리 많은 지

인생 산책

아침 일찍
오르는 오솔길이
내리막길로 바꿔가며
내내 짧지 않지만
지내 놓고 나면 너무 짧다

허공의 잠자리가
나래를 쉬지 않는 것과 같을까

노숙자의 조언

어린 나비여
너무 힘들고 외로운가
그렇다면
잠시 날개를 접고 숨 쉬어라

그리고
젊은 나이를 기억하라
오늘보다 젊을 수 없나니
너무 오래 쉬지는 말거라
나처럼 되지 않도록

고목 Ⅱ

살아갈수록 고통스러운 경험은 쌓여가기 마련이다

가랑비

밤새
밤을 지키는 별들을 쉬게 하려는가

푸념

투정하고 싶을 어느 때가 왜 없겠는가
낙엽하나에도
이 생각 저 생각에도
당연하다는 갈대의 속삭임이 들리고
그것이 뭔지를 몰라도
창에 뿌리는 빗물을 보며
비가 없어도 낙엽은 물드는 데
굳이 이 계절에 어울리는지
어림없는 생각을 떠올리며
당치 않은 것임을 뻔히 알면서도
하는 너의 투정이라면
받아줄 수 있는 나일지

그것에 자꾸 멈칫거린다

안개

아침 일찍
오르던 오솔길
내리막길로 바뀔 적에
내내 짧지 않지만
지내 놓고 나면 너무 짧다

그리고
처음 보는 것들이
어찌 그리 많은 지
지금까지의 자취가
흔적만으로 충분하다고
은익했던 것은 아닌지
뭔가가 확실히 빠진 건

착각이어도

너보다 네가 이쁘다
너보다 더 네가 이쁘다

어찌 이런 일이냐고

이쁘기 때문이 아니다
이뻐서 그렇다

꽃무릇

한 송이 곁에
또 한 송이
그렇게 곁을 지키다

붉은 연모
그래서
사랑하는 건
가슴 아픈 말의 다른 이름이기도 했다

농부와 시인

한낮에
소나기 빗겨간 자리에
한 사람 지게를 지고
또 한 사람 펜을 쥔다
해거름 짧아질까
서두름 없이

붉은 해를 등지고
고추잠자리
풀잎 끝 마른 곳에 앉아 있다

그리고 주름진 미소로
한 사람 집으로 가고
또 한 사람 그 뒤를 따른다
사는 게
위로가 되지 못할 때에도
사는 게 그런 것이라며

서예

굵고 가늘고
비우고 채우고
틀어놓고 세워놓고
몇 번을 썼을 지 알 수 없다

한 글자 한 글자
한 걸음 한 걸음

대비가 심한 필획
시선이 머물게 한다

지루한 끝에 대작이 나오는
비스듬히 비틀어지는
삶들이 쓰인 거

마음 주머니

무엇이 들어 있나요?

?
!
그리고 또

오늘

어제 보지 못한 한 송이
오늘은 피었다
어제 피어난 한 송이
오늘은 지고 있다

어제는 지나가고
오늘은 살아있는 날
해를 보는 것도
별을 보는 것도
비를 맞는 것도
바람을 느끼는 것도

자연스러운 것은 당연한 거
피는 것도 지는 것도 오늘에 있고
내일에 시드는 것은 모르거니
오늘은 오늘의 꽃을 본다

인내

태평양을 유영하면서 고래에게
남 몰래 흘린 눈물이 왜 없을까

이기적인 너무나 이기적인

고독을 위로하려는 건
사랑을 잃을 걸 염려하는 것과 다르다
긴 외로움에 서로 위로하는 마음이라면
사랑하는 건
사랑을 저버리지 않는 거

그러나
세상은 무관심하지만
버리는 건 없었다
다만 외면하는 마음과 있을 뿐이다

그렇게 할 것인가
그렇지 않을 것인가

선택은 자신에게 있고
정정당당한 자신을 버리지 않는다면

노란 은행잎

가을이 물어다 준 잊고 있던 그리움

라노비아

발행	2025. 10. 30
인쇄	2025. 11. 05
저자	가츠노요코 | 태경 김미자 | 수니 김순희
	영백 김백준 | 미파 소영숙 | 정이담
표지 그림	가츠노요코
인쇄처	제이비(JB)
	전북특별자치도 전주시 덕진구 석소로 9-4
	063-902-6886
Email	jb9428@daum.net
출판등록번호	제2018-000009호

ISBN 979-11-92141-60-2

값 20,000원

| 파본은 구입하신 서점에서 교환해 드립니다.
| 이 책은 저작권법에 의해 보호를 받는 저작물이므로 무단전재와 복제를 금합니다.